Aurélie Desgages

1 TEIG – 3 LECKERE KUCHENSCHICHTEN

Fotos: Aline Princet
Styling: Jesiel Maxán

Inhalt

Vorwort 5

KLASSIKER

Magic Cake mit Vanille 6
Magic Cake mit Schokolade 8
Magic Cake mit Zitrone 10
Magic Cake mit Vanille und Schokolade 12

MAGIC CAKES MIT OBST

Magic Cake mit Vanille und Heidelbeeren 14
Magic Cake mit Birnen und Mandeln 16
Magic Cake mit Bananen und Schokolade 18
Magic Cake mit karamellisierten Äpfeln 20
Magic Cake mit Himbeeren und Pistazien 22
Magic Cake mit Mango und weißer Schokolade 24
Magic Cake mit Kirschen und Mandeln 26
Magic Cake mit Aprikosen und Haselnüssen 28
Magic Cake mit Orange, Zimt und Schokolade 30
Magic Cake mit Grapefruit 32
Magic Cake mit Brombeeren und Kokosraspeln 34
Magic Cake mit Feigen, Mandeln und
Orangenblütenwasser 36
Magic Cake mit Mandarinen und Lebkuchengewürz ... 38
Magic Cake mit Johannisbeeren und Kirschen 40

MAGIC CAKES FÜR FEINSCHMECKER

Magic Cake mit Kaffee und Nüssen 42
Magic Cake mit Kokos und Schokolade 44
Magic Cake mit Schokolade und Salzkaramell 46
Magic Cake nach Brownie-Art mit Schokolade
und Pekannüssen 48
Magic Cake mit Erdnusscreme 50
Magic Cake mit Karamellbonbons 52
Magic Cake mit Nuss-Nugat-Creme 54
Magic Cake mit bunten Schokolinsen 56
Magic Cake mit Maronencreme 58
Magic Cake mit Spekulatius 60
Magic Cake mit gebrannten Mandeln 62
Magic Cake mit Milchkonfitüre und Bananen 64
Magic Cake mit Pistazien und weißer Schokolade 66

Allgemeine Hinweise 68
Danksagung und Impressum 72

Vorwort

Backen wie von Zauberhand – bei diesen Kuchen liegt Magie in der Luft!

Das Magische an den Zauberkuchen ist, dass man nur einen einzigen Teig aus einfachen Grundzutaten benötigt, um einen Kuchen mit drei unterschiedlichen Schichten zu zaubern: eine puddingartige, kompaktere Creme als Kuchenboden, eine lockere Eiercreme in der Mitte und obenauf eine Art luftiger Biskuit. Wer kann da schon widerstehen?

Magische Kräfte brauchen Sie hierfür übrigens nicht. Damit die Kuchen auch garantiert gelingen, befolgen Sie einfach die allgemeinen Hinweise zu den Backformen und Zutaten.

Am bekanntesten ist die Version mit Vanille. Doch darüber hinaus gibt es zahlreiche Rezeptvariationen: von klassisch mit Schokolade oder Zitrone über fruchtig mit Johannisbeeren und Kirschen oder karamellisierten Äpfeln bis hin zu außergewöhnlich mit Spekulatius oder Pistazien und weißer Schokolade. Wählen Sie aus über 30 verblüffenden Rezepten und lassen Sie sich verzaubern!

Klassiker

Magic Cake mit Vanille

Für 6–8 Personen Zubereitungszeit: 15 Minuten Backzeit: 50–60 Minuten Kühlzeit: 3 Stunden Schwierigkeit: leicht

Utensilien: Handrührgerät • quadratische Backform (20 x 20 cm) • Backpapier

Die ZUTATEN

- Butter .... 125 g
- Vanilleschote 1
- Eier 4
- Zucker .... 150 g
- Mehl .... 115 g
- Milch .... 500 ml
- Salz .... 1 Prise

Variante

Für eine glutenfreie Version die Milch durch Sojamilch und das Mehl durch Reismehl ersetzen.

Das Rezept

Den Backofen auf 150 °C vorheizen. Die Butter bei schwacher Hitze zerlassen und beiseitestellen. Die Vanilleschote längs aufschneiden und das Mark mit einem spitzen Messer herauskratzen.

Die Eier trennen. Die Eigelbe mit dem Zucker schaumig schlagen. Zunächst die flüssige Butter, dann nacheinander das Vanillemark, das Mehl, die Milch und 1 EL Wasser unterrühren, bis ein glatter, dünnflüssiger Teig entstanden ist.

Die Eiweiße mit dem Salz steif schlagen. Den Eischnee in drei Portionen nur grob unter den Teig heben – nicht vollständig untermischen.

Den Boden der Backform mit Backpapier belegen und den Teig in die Form füllen. 50–60 Minuten backen. Den Kuchen aus dem Ofen nehmen und auskühlen lassen, dann für mindestens 3 Stunden in den Kühlschrank stellen. Den Kuchen nach Belieben mit Puderzucker bestäuben, in Stücke schneiden und servieren.

Klassiker

Magic Cake mit Schokolade

Für 6–8 Personen Zubereitungszeit: 15 Minuten Backzeit: 50–60 Minuten Kühlzeit: 3 Stunden Schwierigkeit: leicht

Utensilien: Handrührgerät • quadratische Backform (20 x 20 cm) • Backpapier

Die ZUTATEN

Butter	125 g
Eier	4
Zucker	150 g
Kakaopulver	40 g
Mehl	115 g
Milch	500 ml
Salz	1 Prise

Tipp

Rühren Sie noch 30 g gemahlene Haselnusskerne unter den Teig.

Das Rezept

Den Backofen auf 150 °C vorheizen. Die Butter bei schwacher Hitze zerlassen und beiseitestellen.

Die Eier trennen. Die Eigelbe mit dem Zucker schaumig schlagen. Zunächst die flüssige Butter, dann nacheinander das Kakaopulver, das Mehl, die Milch und 1 EL Wasser unterrühren, bis ein glatter, dünnflüssiger Teig entstanden ist.

Die Eiweiße mit dem Salz steif schlagen. Den Eischnee in drei Portionen nur grob unter den Teig heben – nicht vollständig untermischen.

Den Boden der Backform mit Backpapier belegen und den Teig in die Form füllen. 50–60 Minuten backen. Den Kuchen aus dem Ofen nehmen und auskühlen lassen, dann für mindestens 3 Stunden in den Kühlschrank stellen. In Stücke schneiden und servieren.

Klassiker

Magic Cake mit Zitrone

Für 6–8 Personen Zubereitungszeit: 15 Minuten Backzeit: 50–60 Minuten Kühlzeit: 3 Stunden Schwierigkeit: leicht

Utensilien: Handrührgerät • quadratische Backform (20 x 20 cm) • Backpapier

Die ZUTATEN

- Bio-Zitrone 1
- Butter .... 125 g
- Eier 4
- Zucker .... 150 g
- Mehl .... 115 g
- Milch .... 500 ml
- Salz .... 1 Prise

Variante

Krönen Sie diesen Magic Cake mit einer Baiserhaube: Dafür 4 Eiweiß mit 100 g Zucker zu einer sehr steifen, glänzenden Masse schlagen. Die Baisermasse so auf den Kuchen geben, dass Spitzen stehen bleiben und diese mit einem Flambierbrenner bräunen. Den Kuchen sofort servieren.

Das Rezept

Den Backofen auf 150 °C vorheizen. Die Zitrone waschen, abtrocknen und die Schale abreiben. Eine halbe Zitrone auspressen. Die Butter bei schwacher Hitze zerlassen und beiseitestellen.

Die Eier trennen. Die Eigelbe mit dem Zucker schaumig schlagen. Zuerst die flüssige Butter, dann nacheinander Zitronenschale und -saft sowie Mehl und Milch unterrühren, bis ein glatter, dünnflüssiger Teig entstanden ist.

Die Eiweiße mit dem Salz steif schlagen. Den Eischnee in drei Portionen nur grob unter den Teig heben – nicht vollständig untermischen.

Den Boden der Backform mit Backpapier belegen und den Teig in die Form füllen. 50–60 Minuten backen. Den Kuchen aus dem Ofen nehmen und auskühlen lassen, dann für mindestens 3 Stunden in den Kühlschrank stellen. In Stücke schneiden und servieren.

Klassiker

Magic Cake mit Vanille und Schokolade

Für 6–8 Personen   Zubereitungszeit: 15 Minuten   Backzeit: 50–60 Minuten   Kühlzeit: 3 Stunden   Schwierigkeit: leicht

Utensilien: Handrührgerät • quadratische Backform (20 x 20 cm) • Backpapier

Die ZUTATEN

Butter	125 g
Eier	4
Zucker	150 g
Mehl	115 g
Milch	500 ml
Vanillearoma	1 TL
Kakaopulver	20 g
Salz	1 Prise

Das Rezept

Den Backofen auf 150 °C vorheizen. Die Butter bei schwacher Hitze zerlassen und beiseitestellen.

Die Eier trennen. Die Eigelbe mit dem Zucker schaumig schlagen. Zunächst die flüssige Butter, dann nacheinander das Mehl, die Milch und 1 EL Wasser unterrühren, bis ein glatter, dünnflüssiger Teig entstanden ist.

Die Hälfte des Teigs in eine zweite Schüssel füllen. Unter eine Teighälfte das Vanillearoma rühren, unter die andere das Kakaopulver.

Die Eiweiße mit dem Salz steif schlagen. Jeweils die Hälfte des Eischnees portionsweise nur grob unter eine Teigsorte heben – nicht vollständig untermischen.

Den Boden der Backform mit Backpapier belegen und die beiden Teige abwechselnd in die Form füllen. 50–60 Minuten backen. Den Kuchen aus dem Ofen nehmen und auskühlen lassen, dann für mindestens 3 Stunden in den Kühlschrank stellen. In Stücke schneiden und servieren.

Magic Cakes mit Obst

Magic Cake mit Vanille und Heidelbeeren

Für 6–8 Personen   Zubereitungszeit: 15 Minuten   Backzeit: 50–60 Minuten   Kühlzeit: 3 Stunden   Schwierigkeit: leicht

Utensilien: Handrührgerät • quadratische Backform (20 x 20 cm) • Backpapier

Die ZUTATEN

Butter	125 g
Eier	4
Zucker	150 g
Vanillearoma	1 TL
Mehl	115 g
Milch	500 ml
Heidelbeeren	100 g
Salz	1 Prise

Variante

Ersetzen Sie das Vanille- durch Mandelaroma.

Das Rezept

Den Backofen auf 150 °C vorheizen. Die Butter bei schwacher Hitze zerlassen und beiseitestellen.

Die Eier trennen. Die Eigelbe mit dem Zucker schaumig schlagen. Zunächst die flüssige Butter, dann nacheinander das Vanillearoma, das Mehl, die Milch und 1 EL Wasser unterrühren, bis ein glatter, dünnflüssiger Teig entstanden ist.

Die Eiweiße mit dem Salz steif schlagen. Den Eischnee in drei Portionen nur grob unter den Teig heben – nicht vollständig untermischen.

Den Boden der Backform mit Backpapier belegen. Die Hälfte des Teigs in die Form gießen, die Heidelbeeren auf den Teig streuen und diese mit dem restlichen Teig bedecken. 50–60 Minuten backen.

Den Kuchen aus dem Ofen nehmen und auskühlen lassen, dann für mindestens 3 Stunden in den Kühlschrank stellen. In Stücke schneiden und servieren.

Magic Cakes mit Obst

Magic Cake mit Birnen und Mandeln

Für 6–8 Personen   Zubereitungszeit: 15 Minuten   Backzeit: 50–60 Minuten   Kühlzeit: 3 Stunden   Schwierigkeit: leicht

Utensilien: Handrührgerät • quadratische Backform (20 x 20 cm) • Backpapier

Die ZUTATEN

Butter	125 g
große Birnen	2
gemahlene Haselnusskerne	60 g
Zucker	150 g
Eier	4
Mehl	115 g
Milch	500 ml
Salz	1 Prise

Variante

Ersetzen Sie die gemahlenen Nüsse durch gemahlene Mandeln.

Das Rezept

Den Backofen auf 150 °C vorheizen. Die Butter bei schwacher Hitze zerlassen und beiseitestellen. Die Birnen waschen, vierteln, von den Kerngehäusen befreien und in dünne Spalten schneiden.

Die gemahlenen Haselnusskerne mit 1 EL Zucker in einer Pfanne ohne Fett karamellisieren. Die Eier trennen und die Eigelbe mit dem restlichen Zucker schaumig schlagen. Zunächst die flüssige Butter, dann nacheinander die karamellisierten Nüsse sowie das Mehl, die Milch und 1 EL Wasser unterrühren, bis ein glatter, dünnflüssiger Teig entstanden ist.

Die Eiweiße mit dem Salz steif schlagen. Den Eischnee in drei Portionen nur grob unter den Teig heben – nicht vollständig untermischen.

Den Boden der Backform mit Backpapier belegen. Die Birnenspalten darauf verteilen und den Teig darübergießen. 50–60 Minuten backen.

Den Kuchen aus dem Ofen nehmen und auskühlen lassen, dann für mindestens 3 Stunden in den Kühlschrank stellen. In Stücke schneiden und servieren.

Magic Cakes mit Obst

Magic Cake mit Bananen und Schokolade

Für 6–8 Personen   Zubereitungszeit: 15 Minuten   Backzeit: 50–60 Minuten   Kühlzeit: 3 Stunden   Schwierigkeit: leicht
Utensilien: Handrührgerät • quadratische Backform (20 x 20 cm) • Backpapier

Die ZUTATEN

Butter	125 g
reife Bananen	2
Eier	4
Zucker	150 g
Kakaopulver	40 g
Mehl	115 g
Milch	500 ml
Salz	1 Prise

Variante

Aromatisieren Sie diesen Magic Cake mit Zimt. Dafür einfach 1 TL gemahlenen Zimt mit dem Kakaopulver in den Teig rühren.

Das Rezept

Den Backofen auf 150 °C vorheizen. Die Butter bei schwacher Hitze zerlassen und beiseitestellen. Die Bananen schälen, in Stücke schneiden und mit einer Gabel zerdrücken.

Die Eier trennen und die Eigelbe mit dem Zucker schaumig schlagen. Zunächst die flüssige Butter, dann nacheinander die zerdrückten Bananen sowie Kakaopulver, Mehl, Milch und 1 EL Wasser unterrühren, bis ein glatter, dünnflüssiger Teig entstanden ist.

Die Eiweiße mit dem Salz steif schlagen. Den Eischnee in drei Portionen nur grob unter den Teig heben – nicht vollständig untermischen.

Den Boden der Backform mit Backpapier belegen und den Teig in die Form füllen. 50–60 Minuten backen.

Den Kuchen aus dem Ofen nehmen und auskühlen lassen, dann für mindestens 3 Stunden in den Kühlschrank stellen. In Stücke schneiden und servieren.

Magic Cakes mit Obst

Magic Cake mit karamellisierten Äpfeln

Für 6–8 Personen   Zubereitungszeit: 30 Minuten   Backzeit: 50–60 Minuten   Kühlzeit: 3 Stunden   Schwierigkeit: leicht
Utensilien: Handrührgerät • quadratische Backform (20 x 20 cm) • Backpapier

Das Rezept

Die ZUTATEN

Für die Karamellsauce

Zucker	80 g
Milch	100 ml
Butter	30 g

Für den Kuchen

große Äpfel	3
Rohrohrzucker	30 g
Butter	150 g
Eier	4
Zucker	150 g
Mehl	115 g
Milch	500 ml
Salz	1 Prise

Zunächst die Karamellsauce zubereiten. Dafür den Zucker in einem Topf langsam schmelzen lassen, bis er hellbraun ist. Gleichzeitig in einem anderen Topf die Milch aufkochen und mit der Butter unter Rühren zum Karamell gießen. Aufkochen lassen, bis sich der Karamell wieder gelöst hat. Die Sauce abkühlen lassen.

Für den Kuchen den Backofen auf 150 °C vorheizen. Die Äpfel schälen, vierteln, von den Kerngehäusen befreien und in Stücke schneiden. Die Apfelstücke mit dem Rohrohrzucker mischen. 25 g Butter in einer Pfanne zerlassen und die Äpfel darin in 10–15 Minuten goldbraun dünsten. Die restliche Butter zerlassen und beiseitestellen.

Die Eier trennen und die Eigelbe mit dem Zucker schaumig schlagen. Zunächst die flüssige Butter, dann nacheinander das Mehl, die Milch und 1 EL Wasser unterrühren, bis ein glatter, dünnflüssiger Teig entstanden ist.

Die Eiweiße mit dem Salz steif schlagen. Den Eischnee in drei Portionen nur grob unter den Teig heben – nicht vollständig untermischen.

Den Boden der Backform mit Backpapier belegen. Die karamellisierten Äpfel darauf verteilen und mit dem Teig bedecken. 50–60 Minuten backen.

Den Kuchen aus dem Ofen nehmen und auskühlen lassen, dann für mindestens 3 Stunden in den Kühlschrank stellen. In Stücke schneiden und mit der Karamellsauce servieren.

Magic Cake mit Himbeeren und Pistazien

Für 6–8 Personen   Zubereitungszeit: 15 Minuten   Backzeit: 50–60 Minuten   Kühlzeit: 3 Stunden   Schwierigkeit: leicht
Utensilien: Handrührgerät • quadratische Backform (20 x 20 cm) • Backpapier

Die ZUTATEN

- Butter .... 125 g
- Eier 4
- Zucker .... 150 g
- Pistaziencreme .... 1 EL
- Lebensmittelfarbe in Grün (Pulver) .... 1 Msp.
- Mehl .... 115 g
- Milch .... 500 ml
- Himbeeren .... 150 g
- Salz .... 1 Prise

Variante
Ersetzen Sie die Himbeeren durch Kirschen.

Das Rezept

Den Backofen auf 150 °C vorheizen. Die Butter bei schwacher Hitze zerlassen und beiseitestellen.

Die Eier trennen und die Eigelbe mit dem Zucker schaumig schlagen. Zunächst die flüssige Butter, dann nacheinander die Pistaziencreme, die Lebensmittelfarbe, das Mehl, die Milch und 1 EL Wasser unterrühren, bis ein glatter, dünnflüssiger Teig entstanden ist.

Die Eiweiße mit dem Salz steif schlagen. Den Eischnee in drei Portionen nur grob unter den Teig heben – nicht vollständig untermischen.

Den Boden der Backform mit Backpapier belegen und die Himbeeren darauf verteilen. Den Teig über die Beeren gießen und 50–60 Minuten backen.

Den Kuchen aus dem Ofen nehmen und auskühlen lassen, dann für mindestens 3 Stunden in den Kühlschrank stellen. Nach Belieben mit gehackten Pistazienkernen bestreuen, in Stücke schneiden und servieren.

Magic Cakes mit Obst

Magic Cake mit Mango und weißer Schokolade

Für 6–8 Personen   Zubereitungszeit: 15 Minuten   Backzeit: 50–60 Minuten   Kühlzeit: 3 Stunden   Schwierigkeit: leicht
Utensilien: Handrührgerät • quadratische Backform (20 x 20 cm) • Backpapier

Die ZUTATEN

Butter	125 g
weiße Schokolade	150 g
Mango	1
Eier	4
Zucker	150 g
Mehl	115 g
Milch	500 ml
Salz	1 Prise

Variante

Ersetzen Sie die weiße Schokolade durch 50 g Kokosraspel.

Das Rezept

Den Backofen auf 150 °C vorheizen. Die Butter zusammen mit der Schokolade bei schwacher Hitze schmelzen lassen und beiseitestellen. Die Mango schälen und das Fruchtfleisch in Spalten vom Kern schneiden.

Die Eier trennen und die Eigelbe mit dem Zucker schaumig schlagen. Zunächst die Butter-Schokoladen-Mischung, dann nacheinander das Mehl, die Milch und 1 EL Wasser unterrühren, bis ein glatter, dünnflüssiger Teig entstanden ist.

Die Eiweiße mit dem Salz steif schlagen. Den Eischnee in drei Portionen nur grob unter den Teig heben – nicht vollständig untermischen.

Den Boden der Backform mit Backpapier belegen, die Mangospalten darauf verteilen und mit dem Teig bedecken. 50–60 Minuten backen.

Den Kuchen aus dem Ofen nehmen und auskühlen lassen, dann für mindestens 3 Stunden in den Kühlschrank stellen. Nach Belieben mit Mangospalten garnieren, in Stücke schneiden und servieren.

Magic Cakes mit Obst

Magic Cake mit Kirschen und Mandeln

Für 6–8 Personen Zubereitungszeit: 15 Minuten Backzeit: 50–60 Minuten Kühlzeit: 3 Stunden Schwierigkeit: leicht
Utensilien: Handrührgerät • quadratische Backform (20 x 20 cm) • Backpapier

Die ZUTATEN

Butter	125 g
Kirschen	150 g
Eier	4
Zucker	150 g
gemahlene Mandeln	60 g
Mehl	115 g
Milch	500 ml
Salz	1 Prise

Variante

Ersetzen Sie die gemahlenen Mandeln durch 150 g weiße Schokolade.

Das Rezept

Den Backofen auf 150 °C vorheizen. Die Butter bei schwacher Hitze zerlassen und beiseitestellen. Die Kirschen halbieren und entsteinen.

Die Eier trennen und die Eigelbe mit dem Zucker schaumig schlagen. Zunächst die flüssige Butter, dann nacheinander die gemahlenen Mandeln, das Mehl, die Milch und 1 EL Wasser unterrühren, bis ein glatter, dünnflüssiger Teig entstanden ist.

Die Eiweiße mit dem Salz steif schlagen. Den Eischnee in drei Portionen nur grob unter den Teig heben – nicht vollständig untermischen.

Den Boden der Backform mit Backpapier belegen, die Kirschen darauf verteilen und mit dem Teig bedecken. 50–60 Minuten backen.

Den Kuchen aus dem Ofen nehmen und auskühlen lassen, dann für mindestens 3 Stunden in den Kühlschrank stellen. Nach Belieben mit Kirschen und Mandelblättchen garnieren, in Stücke schneiden und servieren.

Magic Cakes mit Obst

Magic Cake mit Aprikosen und Haselnüssen

Für 6–8 Personen   Zubereitungszeit: 15 Minuten   Backzeit: 50–60 Minuten   Kühlzeit: 3 Stunden   Schwierigkeit: leicht
Utensilien: Handrührgerät • quadratische Backform (20 x 20 cm) • Backpapier

Die ZUTATEN

Butter	125 g
große Aprikosen	6
Eier	4
Zucker	150 g
gemahlene Haselnusskerne	60 g
Mehl	115 g
Milch	500 ml
Salz	1 Prise

Tipp
Für eine kernig-knackige Oberfläche vor dem Backen zusätzlich ganze Haselnusskerne auf den Teig streuen.

Variante
Ersetzen Sie die Aprikosen durch Pfirsiche.

Das Rezept

Den Backofen auf 150 °C vorheizen. Die Butter bei schwacher Hitze zerlassen und beiseitestellen. Die Aprikosen waschen, halbieren und entsteinen; einige für die Garnitur zurücklegen.

Die Eier trennen und die Eigelbe mit dem Zucker schaumig schlagen. Zunächst die flüssige Butter, dann nacheinander die gemahlenen Haselnusskerne, das Mehl, die Milch und 1 EL Wasser unterrühren, bis ein glatter,, dünnflüssiger Teig entstanden ist.

Die Eiweiße mit dem Salz steif schlagen. Den Eischnee in drei Portionen nur grob unter den Teig heben – nicht vollständig untermischen.

Den Boden der Backform mit Backpapier belegen, die Aprikosenhälften darauf verteilen und mit dem Teig bedecken. 50–60 Minuten backen.

Den Kuchen aus dem Ofen nehmen und auskühlen lassen, dann für mindestens 3 Stunden in den Kühlschrank stellen. Mit Aprikosen garnieren, in Stücke schneiden und servieren.

Magic Cakes mit Obst

Magic Cake mit Orange, Zimt und Schokolade

Für 6–8 Personen   Zubereitungszeit: 15 Minuten   Backzeit: 50–60 Minuten   Kühlzeit: 3 Stunden   Schwierigkeit: leicht
Utensilien: Handrührgerät • quadratische Backform (20 x 20 cm) • Backpapier

Die ZUTATEN

- Butter .... 125 g
- Bio-Orange 1
- Eier 4
- Zucker .... 150 g
- Kakaopulver .... 40 g
- gemahlener Zimt .... 1 TL
- Mehl .... 115 g
- Milch .... 500 ml
- Salz .... 1 Prise

Variante

Ersetzen Sie die Bio-Orange durch 2 Bio-Mandarinen.

Das Rezept

Den Backofen auf 150 °C vorheizen. Die Butter bei schwacher Hitze zerlassen und beiseitestellen. Die Orange waschen und abtrocknen, die Schale abreiben und die Frucht auspressen.

Die Eier trennen und die Eigelbe mit dem Zucker schaumig schlagen. Zunächst die flüssige Butter, dann nacheinander die abgeriebene Orangenschale, 2 EL Orangensaft, das Kakaopulver, den Zimt, das Mehl und die Milch unterrühren, bis ein glatter, dünnflüssiger Teig entstanden ist.

Die Eiweiße mit dem Salz steif schlagen. Den Eischnee in drei Portionen nur grob unter den Teig heben – nicht vollständig untermischen.

Den Boden der Backform mit Backpapier belegen und den Teig in die Form füllen. 50–60 Minuten backen.

Den Kuchen aus dem Ofen nehmen und auskühlen lassen, dann für mindestens 3 Stunden in den Kühlschrank stellen. Nach Belieben mit Orangenstückchen und -zesten garnieren, in Stücke schneiden und servieren.

Magic Cakes mit Obst

Magic Cake mit Grapefruit

Für 6–8 Personen   Zubereitungszeit: 15 Minuten   Backzeit: 50–60 Minuten   Kühlzeit: 3 Stunden   Schwierigkeit: leicht

Utensilien: Handrührgerät • quadratische Backform (20 x 20 cm) • Backpapier

Die ZUTATEN

Butter	125 g
Bio-Grapefruit	1
Eier	4
Zucker	160 g
Mehl	115 g
Milch	500 ml
Salz	1 Prise

Variante

Mischen Sie zur Abwechslung noch 80 g Heidelbeeren unter den Teig.

Das Rezept

Den Backofen auf 150 °C vorheizen. Die Butter bei schwacher Hitze zerlassen und beiseitestellen. Die Grapefruit waschen und abtrocknen, die Schale abreiben und die Frucht auspressen.

Die Eier trennen und die Eigelbe mit dem Zucker schaumig schlagen. Zunächst die flüssige Butter, dann nacheinander die abgeriebene Grapefruitschale und 2 EL Grapefruitsaft sowie das Mehl und die Milch unterrühren, bis ein glatter, dünnflüssiger Teig entstanden ist.

Die Eiweiße mit dem Salz steif schlagen. Den Eischnee in drei Portionen nur grob unter den Teig heben – nicht vollständig untermischen.

Den Boden der Backform mit Backpapier belegen und den Teig in die Form füllen. 50–60 Minuten backen.

Den Kuchen aus dem Ofen nehmen und auskühlen lassen, dann für mindestens 3 Stunden in den Kühlschrank stellen. Nach Belieben mit Grapefruitfilets garnieren, in Stücke schneiden und servieren.

Magic Cake mit Brombeeren und Kokosraspeln

Für 6–8 Personen   Zubereitungszeit: 15 Minuten   Backzeit: 50–60 Minuten   Kühlzeit: 3 Stunden   Schwierigkeit: leicht
Utensilien: Handrührgerät • quadratische Backform (20 x 20 cm) • Backpapier

Die ZUTATEN

- Butter .... 125 g
- Eier 4
- Zucker .... 150 g
- Kokosraspel .... 50 g
- Mehl .... 115 g
- Milch .... 500 ml
- Brombeeren .... 150 g
- Salz .... 1 Prise

Variante

Ersetzen Sie 50 g Brombeeren durch die gleiche Menge Himbeeren.

Das Rezept

Den Backofen auf 150 °C vorheizen. Die Butter bei schwacher Hitze zerlassen und beiseitestellen.

Die Eier trennen und die Eigelbe mit dem Zucker schaumig schlagen. Zunächst die flüssige Butter, dann nacheinander die Kokosraspel, das Mehl, die Milch und 1 EL Wasser unterrühren, bis ein glatter, dünnflüssiger Teig entstanden ist.

Die Eiweiße mit dem Salz steif schlagen. Den Eischnee in drei Portionen nur grob unter den Teig heben – nicht vollständig untermischen.

Den Boden der Backform mit Backpapier belegen, die Brombeeren darauf verteilen und mit dem Teig bedecken. Den Kuchen 50–60 Minuten backen.

Den Kuchen aus dem Ofen nehmen und auskühlen lassen, dann für mindestens 3 Stunden in den Kühlschrank stellen. Mit Brombeeren garnieren, in Stücke schneiden und servieren.

Magic Cakes mit Obst

Magic Cake mit Feigen, Mandeln und Orangenblütenwasser

Für 6–8 Personen   Zubereitungszeit: 15 Minuten   Backzeit: 50–60 Minuten   Kühlzeit: 3 Stunden   Schwierigkeit: leicht
Utensilien: Handrührgerät • quadratische Backform (20 x 20 cm) • Backpapier

Die ZUTATEN

Butter	125 g
frische Feigen	8
Eier	4
Zucker	150 g
gemahlene Mandeln	50 g
Orangenblütenwasser	1 TL
Mehl	115 g
Milch	500 ml
Salz	1 Prise

Tipp
Geben Sie noch 60 g gehackte Pistazienkerne zum Teig.

Das Rezept

Den Backofen auf 150 °C vorheizen. Die Butter bei schwacher Hitze zerlassen und beiseitestellen. Die Feigen schälen und vierteln.

Die Eier trennen und die Eigelbe mit dem Zucker schaumig schlagen. Zunächst die flüssige Butter, dann nacheinander die gemahlenen Mandeln, das Orangenblütenwasser sowie das Mehl, die Milch und 1 EL Wasser unterrühren, bis ein glatter, dünnflüssiger Teig entstanden ist.

Die Eiweiße mit dem Salz steif schlagen. Den Eischnee in drei Portionen nur grob unter den Teig heben – nicht vollständig untermischen.

Den Boden der Backform mit Backpapier belegen, die Feigen darauf verteilen und mit dem Teig bedecken. 50–60 Minuten backen.

Den Kuchen aus dem Ofen nehmen und auskühlen lassen, dann für mindestens 3 Stunden in den Kühlschrank stellen. Nach Belieben mit Feigen garnieren, in Stücke schneiden und servieren.

Magic Cakes mit Obst

Magic Cake mit Mandarinen und Lebkuchengewürz

Für 6–8 Personen   Zubereitungszeit: 15 Minuten   Backzeit: 50–60 Minuten   Kühlzeit: 3 Stunden   Schwierigkeit: leicht

Utensilien: Handrührgerät • quadratische Backform (20 x 20 cm) • Backpapier

Die ZUTATEN

Butter	125 g
Bio-Mandarinen	2
Eier	4
Zucker	150 g
Lebkuchengewürz	1 TL
Mehl	115 g
Milch	500 ml
Salz	1 Prise

Variante

Anstelle des Lebkuchengewürzes können Sie auch 80 g fein zerbröselten Spekulatius nehmen.

Das Rezept

Den Backofen auf 150 °C vorheizen. Die Butter bei schwacher Hitze zerlassen und beiseitestellen. Die Mandarinen waschen und abtrocknen. Die Schale abreiben und 1 Mandarine auspressen.

Die Eier trennen und die Eigelbe mit dem Zucker schaumig schlagen. Zunächst die flüssige Butter, dann nacheinander Mandarinenschale und -saft sowie das Lebkuchengewürz, das Mehl und die Milch unterrühren, bis ein glatter, dünnflüssiger Teig entstanden ist.

Die Eiweiße mit dem Salz steif schlagen. Den Eischnee in drei Portionen nur grob unter den Teig heben – nicht vollständig untermischen.

Den Boden der Backform mit Backpapier belegen und den Teig in die Form füllen. 50–60 Minuten backen.

Den Kuchen aus dem Ofen nehmen und auskühlen lassen, dann für mindestens 3 Stunden in den Kühlschrank stellen. Zum Servieren entweder runde Törtchen aus dem Kuchen ausstechen oder den Kuchen in Stücke schneiden und mit Mandarinenstückchen garnieren.

Magic Cakes mit Obst

Magic Cake mit Johannisbeeren und Kirschen

Für 6–8 Personen   Zubereitungszeit: 15 Minuten   Backzeit: 50–60 Minuten   Kühlzeit: 3 Stunden   Schwierigkeit: leicht
Utensilien: Handrührgerät • quadratische Backform (20 x 20 cm) • Backpapier

Die ZUTATEN

Butter	125 g
Kirschen	60 g
Eier	4
Zucker	150 g
Vanillearoma	1 TL
Mehl	115 g
Milch	500 ml
Johannisbeeren	80 g
Salz	1 Prise

Das Rezept

Den Backofen auf 150 °C vorheizen. Die Butter bei schwacher Hitze zerlassen und beiseitestellen. Die Kirschen halbieren und entsteinen.

Die Eier trennen und die Eigelbe mit dem Zucker schaumig schlagen. Zunächst die flüssige Butter, dann nacheinander das Vanillearoma, das Mehl, die Milch und 1 EL Wasser unterrühren, bis ein glatter, dünnflüssiger Teig entstanden ist.

Die Eiweiße mit dem Salz steif schlagen. Den Eischnee in drei Portionen nur grob unter den Teig heben – nicht vollständig untermischen.

Den Boden der Backform mit Backpapier belegen, die Kirschen und die Johannisbeeren darauf verteilen und mit dem Teig bedecken. 50–60 Minuten backen.

Den Kuchen aus dem Ofen nehmen und auskühlen lassen, dann für mindestens 3 Stunden in den Kühlschrank stellen. In kleine Stücke schneiden und servieren.

Magic Cakes für Feinschmecker

Magic Cake mit Kaffee und Nüssen

Für 6–8 Personen   Zubereitungszeit: 15 Minuten   Backzeit: 50–60 Minuten   Kühlzeit: 3 Stunden   Schwierigkeit: leicht

Utensilien: Handrührgerät • quadratische Backform (20 x 20 cm) • Backpapier

Die ZUTATEN

Butter	125 g
Eier	4
Zucker	150 g
lösliches Kaffeepulver	1 EL
gemahlene Haselnusskerne	1 EL
Mehl	115 g
Milch	500 ml
Salz	1 Prise

Das Rezept

Den Backofen auf 150 °C vorheizen. Die Butter bei schwacher Hitze zerlassen und beiseitestellen. Die gemahlenen Haselnusskerne mit 1 EL Zucker in einer Pfanne karamellisieren.

Die Eier trennen und die Eigelbe mit dem Zucker schaumig schlagen. Zunächst die flüssige Butter, dann nacheinander das Kaffeepulver, die karamellisierten Haselnusskerne, das Mehl, die Milch und 1 EL Wasser dazugeben, bis ein glatter, dünnflüssiger Teig entstanden ist.

Die Eiweiße mit dem Salz steif schlagen. Den Eischnee in drei Portionen nur grob unter den Teig heben – nicht vollständig untermischen.

Den Boden der Backform mit Backpapier belegen und den Teig in die Form füllen. 50–60 Minuten backen.

Den Kuchen aus dem Ofen nehmen und auskühlen lassen, dann für mindestens 3 Stunden in den Kühlschrank stellen. In Stücke schneiden und servieren.

Magic Cake mit Kokos und Schokolade

Für 6–8 Personen   Zubereitungszeit: 15 Minuten   Backzeit: 50–60 Minuten   Kühlzeit: 3 Stunden   Schwierigkeit: leicht

Utensilien: Handrührgerät • quadratische Backform (20 x 20 cm) • Backpapier

Die ZUTATEN

Butter	125 g
Eier	4
Zucker	150 g
Kakaopulver	40 g
Kokosraspel	50 g
Mehl	115 g
Milch	500 ml
Salz	1 Prise

Variante

Ersetzen Sie das Kakaopulver durch 150 g geschmolzene weiße Schokolade.

Tipp

Für einen Marmorkuchen den Teig halbieren. Unter eine Teighälfte die Kokosraspel und unter die andere das Kakaopulver mischen.

Das Rezept

Den Backofen auf 150 °C vorheizen. Die Butter bei schwacher Hitze zerlassen und beiseitestellen.

Die Eier trennen und die Eigelbe mit dem Zucker schaumig schlagen. Zunächst die flüssige Butter, dann nacheinander das Kakaopulver, die Kokosraspel, das Mehl, die Milch und 1 EL Wasser unterrühren, bis ein glatter, dünnflüssiger Teig entstanden ist.

Die Eiweiße mit dem Salz steif schlagen. Den Eischnee in drei Portionen nur grob unter den Teig heben – nicht vollständig untermischen.

Den Boden der Backform mit Backpapier belegen und den Teig in die Form füllen. 50–60 Minuten backen.

Den Kuchen aus dem Ofen nehmen und auskühlen lassen, dann für mindestens 3 Stunden in den Kühlschrank stellen. Zum Servieren entweder runde Törtchen aus dem Kuchen ausstechen oder den Kuchen in kleine Stücke schneiden.

Magic Cakes für Feinschmecker

Magic Cake mit Schokolade und Salzkaramell

Für 6–8 Personen   Zubereitungszeit: 20 Minuten   Backzeit: 50–60 Minuten   Kühlzeit: 3 Stunden   Schwierigkeit: leicht
Utensilien: Handrührgerät • quadratische Backform (20 x 20 cm) • Backpapier

Das Rezept

Für den Karamell den Zucker in einem Topf langsam erhitzen, bis er flüssig und bernsteinfarben ist. Gleichzeitig die Sahne aufkochen. Die heiße Sahne, die Butter und das Salz unter den karamellisierten Zucker rühren. Die Karamellsahne einmal aufkochen, dann abkühlen lassen.

Für den Teig den Backofen auf 150 °C vorheizen. Die Butter bei schwacher Hitze zerlassen.

Die Eier trennen und die Eigelbe mit dem Zucker schaumig schlagen. Zunächst die flüssige Butter, dann nacheinander das Mehl, die Milch und 1 EL Wasser unterrühren. Die Hälfte des Teiges in eine zweite Schüssel gießen. Unter eine Teigportion den Salzkaramell, unter die andere das Kakaopulver mischen.

Die Eiweiße mit dem Salz steif schlagen. Den Eischnee in drei Portionen nur grob unter beide Teigsorten heben – nicht vollständig untermischen.

Den Boden der Backform mit Backpapier belegen und die beiden Teige abwechselnd in die Form füllen. 50–60 Minuten backen.

Den Kuchen aus dem Ofen nehmen und auskühlen lassen, dann für mindestens 3 Stunden in den Kühlschrank stellen. In kleine Stücke schneiden und servieren.

Die ZUTATEN

Für den Karamell

Zucker	100 g
Sahne	100 ml
gesalzene Butter	30 g
Salz	1 Prise

Für den Teig

Butter	125 g
Eier	4
Zucker	150 g
Mehl	115 g
Milch	500 ml
Salzkaramell (siehe oben)	2 EL
Kakaopulver	20 g
Salz	1 Prise

Magic Cake nach Brownie-Art: mit Schokolade und Pekannüssen

Für 6–8 Personen   Zubereitungszeit: 15 Minuten   Backzeit: 50–60 Minuten   Kühlzeit: 3 Stunden   Schwierigkeit: leicht
Utensilien: Handrührgerät • quadratische Backform (20 x 20 cm) • Backpapier

Die ZUTATEN

Butter	125 g
Eier	4
Zucker	150 g
Kakaopulver	40 g
Mehl	115 g
Milch	500 ml
Pekannusskerne	80 g
Salz	1 Prise

Tipp
Servieren Sie diesen Kuchen mit Karamellsauce (siehe Seite 20).

Variante
Anstelle der Pekannusskerne kann man auch Macadamianusskerne nehmen.

Das Rezept

Den Backofen auf 150 °C vorheizen. Die Butter bei schwacher Hitze zerlassen und beiseitestellen.

Die Eier trennen und die Eigelbe mit dem Zucker schaumig schlagen. Zunächst die flüssige Butter, dann nacheinander das Kakaopulver, das Mehl, die Milch und 1 EL Wasser unterrühren, bis ein glatter, dünnflüssiger Teig entstanden ist.

Die Eiweiße mit dem Salz steif schlagen. Den Eischnee in drei Portionen nur grob unter den Teig heben – nicht vollständig untermischen.

Den Boden der Backform mit Backpapier belegen. Die Hälfte des Teiges hineinfüllen, darauf die Pekannusskerne streuen und den restlichen Teig darübergießen. 50–60 Minuten backen.

Den Kuchen aus dem Ofen nehmen und auskühlen lassen, dann für mindestens 3 Stunden in den Kühlschrank stellen. In kleine Stücke schneiden und servieren.

Magic Cake mit Erdnusscreme

Für 6–8 Personen   Zubereitungszeit: 15 Minuten   Backzeit: 50–60 Minuten   Kühlzeit: 3 Stunden   Schwierigkeit: leicht

Utensilien: Handrührgerät • quadratische Backform (20 x 20 cm) • Backpapier

Das Rezept

Zuerst für die Erdnusscreme die ungesalzenen Erdnusskerne im Mixer auf höchster Stufe zerkleinern. Zwischendurch den Mixer ausschalten und die zerkleinerten Nüsse an der inneren Gefäßwand mit dem Spatel nach unten schieben. So lange weitermixen, bis eine glatte Creme entstanden ist – das kann 5 Minuten dauern.

Für den Teig den Backofen auf 150 °C vorheizen. Die Butter bei schwacher Hitze zerlassen und beiseitestellen.

Die Eier trennen und die Eigelbe mit dem Zucker schaumig schlagen. Zunächst die flüssige Butter, dann nacheinander die Erdnusscreme, das Mehl, die Milch und 1 EL Wasser unterrühren, bis ein glatter, dünnflüssiger Teig entstanden ist.

Die Eiweiße mit dem Salz steif schlagen. Den Eischnee in drei Portionen nur grob unter den Teig heben – nicht vollständig untermischen.

Den Boden der Backform mit Backpapier belegen, den Teig in die Form füllen und mit den Erdnusskernen bestreuen. Im vorgeheizten Backofen 50–60 Minuten backen.

Den Kuchen aus dem Ofen nehmen und auskühlen lassen, dann für mindestens 3 Stunden in

Die ZUTATEN

Für die Erdnusscreme
ungesalzene Erdnusskerne .... 300 g

Für den Teig
Butter .... 125 g
Eier 4
Zucker .... 150 g
Erdnusscreme (siehe oben) .... 4 EL
Mehl .... 115 g
Milch .... 500 ml
ungesalzene Erdnusskerne .... 1 Handvoll
Salz .... 1 Prise

Tipp
Rühren Sie noch 60 g Schokoladentröpfchen unter den fertigen Teig.

den Kühlschrank stellen. Entweder in Stücke schneiden oder runde Törtchen ausstechen, mit Erdnusscreme garnieren und servieren.

Magic Cakes für Feinschmecker

Magic Cake mit Karamellbonbons

Für 6–8 Personen   Zubereitungszeit: 15 Minuten   Backzeit: 50–60 Minuten   Kühlzeit: 3 Stunden   Schwierigkeit: leicht
Utensilien: Handrührgerät • quadratische Backform (20 x 20 cm) • Backpapier

Die ZUTATEN

weiche Karamellbonbons	18
Milch	500 ml
Butter	125 g
Eier	4
Zucker	150 g
Mehl	115 g
Salz	1 Prise

Tipp

Für eine schnelle Karamellsauce einfach 8 Karamellbonbons in 4 EL Milch auflösen.

Das Rezept

Den Backofen auf 150 °C vorheizen. Die Karamellbonbons bei schwacher Hitze in der Milch auflösen. Die Butter ebenfalls bei schwacher Hitze zerlassen und beiseitestellen.

Die Eier trennen und die Eigelbe mit dem Zucker schaumig schlagen. Zunächst die flüssige Butter, dann nacheinander das Mehl, die Karamell-Milch und 1 EL Wasser unterrühren, bis ein glatter, dünnflüssiger Teig entstanden ist.

Die Eiweiße mit dem Salz steif schlagen. Den Eischnee in drei Portionen nur grob unter den Teig heben – nicht vollständig untermischen.

Den Boden der Backform mit Backpapier belegen und den Teig in die Form füllen. 50–60 Minuten backen.

Den Kuchen aus dem Ofen nehmen und auskühlen lassen, dann für mindestens 3 Stunden in den Kühlschrank stellen. In kleine Stücke schneiden und servieren.

Magic Cakes für Feinschmecker

Magic Cake mit Nuss-Nugat-Creme

Für 6–8 Personen Zubereitungszeit: 15 Minuten Backzeit: 50–60 Minuten Kühlzeit: 3 Stunden Schwierigkeit: leicht

Utensilien: Handrührgerät • quadratische Backform (20 x 20 cm) • Backpapier

Die ZUTATEN

Butter	125 g
Eier	4
Zucker	100 g
Nuss-Nugat-Creme	4 EL
Mehl	115 g
Milch	500 ml
Haselnusskerne	40 g
Salz	1 Prise

Tipp

Die Haselnusskerne vor der Verwendung 15 Minuten im 180 °C heißen Backofen rösten – dadurch wird ihr Aroma noch intensiver.

Das Rezept

Den Backofen auf 150 °C vorheizen. Die Butter bei schwacher Hitze zerlassen und beiseitestellen.

Die Eier trennen und die Eigelbe mit dem Zucker schaumig schlagen. Zunächst die flüssige Butter, dann nacheinander die Nuss-Nugat-Creme, das Mehl, die Milch und 1 EL Wasser unterrühren, bis ein glatter, dünnflüssiger Teig entstanden ist.

Die Eiweiße mit dem Salz steif schlagen. Den Eischnee in drei Portionen nur grob unter den Teig heben – nicht vollständig untermischen.

Den Boden der Backform mit Backpapier belegen, die Haselnusskerne daraufstreuen und den Teig über die Nüsse gießen. 50–60 Minuten backen.

Den Kuchen aus dem Ofen nehmen und auskühlen lassen, dann für mindestens 3 Stunden in den Kühlschrank stellen. In Stücke schneiden und servieren.

Magic Cakes für Feinschmecker

Magic Cake mit bunten Schokolinsen

Für 6–8 Personen   Zubereitungszeit: 15 Minuten   Backzeit: 50–60 Minuten   Kühlzeit: 3 Stunden   Schwierigkeit: leicht
Utensilien: Handrührgerät • quadratische Backform (20 x 20 cm) • Backpapier

Die ZUTATEN

Butter	125 g
Eier	4
Zucker	100 g
Vanillearoma	1 TL
Mehl	115 g
Milch	500 ml
bunte Schokolinsen	80 g
Salz	1 Prise

Tipp

Rühren Sie zusätzlich 2 EL Erdnusscreme (siehe Seite 50) unter den Teig.

Das Rezept

Den Backofen auf 150 °C vorheizen. Die Butter bei schwacher Hitze zerlassen und beiseitestellen.

Die Eier trennen und die Eigelbe mit dem Zucker schaumig schlagen. Zunächst die flüssige Butter, dann nacheinander das Vanillearoma, das Mehl, die Milch und 1 EL Wasser unterrühren, bis ein glatter, dünnflüssiger Teig entstanden ist.

Die Eiweiße mit dem Salz steif schlagen. Den Eischnee in drei Portionen nur grob unter den Teig heben – nicht vollständig untermischen.

Den Boden der Backform mit Backpapier belegen, die Schokolinsen darauf verteilen und den Teig in die Form füllen. 50–60 Minuten backen.

Den Kuchen aus dem Ofen nehmen und auskühlen lassen, dann für mindestens 3 Stunden in den Kühlschrank stellen. Nach Belieben mit gehackten Schokolinsen bestreuen, in Stücke schneiden und servieren.

Magic Cakes für Feinschmecker

Magic Cake mit Maronencreme

Für 6–8 Personen Zubereitungszeit: 15 Minuten Backzeit: 50–60 Minuten Kühlzeit: 3 Stunden Schwierigkeit: leicht
Utensilien: Handrührgerät • quadratische Backform (20 x 20 cm) • Backpapier

Die ZUTATEN

Butter	125 g
Eier	4
Zucker	100 g
Maronencreme	4 EL
Mehl	115 g
Milch	500 ml
Salz	1 Prise

Tipp

Zuerst zerkleinerte, weich gegarte Maronen auf das Backpapier in der Backform verteilen, dann den Teig darübergießen.

Das Rezept

Den Backofen auf 150 °C vorheizen. Die Butter bei schwacher Hitze zerlassen und beiseitestellen.

Die Eier trennen und die Eigelbe mit dem Zucker schaumig schlagen. Zunächst die flüssige Butter, dann nacheinander die Maronencreme, das Mehl, die Milch und 1 EL Wasser unterrühren, bis ein glatter, dünnflüssiger Teig entstanden ist.

Die Eiweiße mit dem Salz steif schlagen. Den Eischnee in drei Portionen nur grob unter den Teig heben – nicht vollständig untermischen.

Den Boden der Backform mit Backpapier belegen und den Teig in die Form füllen. 50–60 Minuten backen.

Den Kuchen aus dem Ofen nehmen und auskühlen lassen, dann für mindestens 3 Stunden in den Kühlschrank stellen. In Stücke schneiden und servieren.

Magic Cakes für Feinschmecker

Magic Cake mit Spekulatius

Für 6–8 Personen   Zubereitungszeit: 15 Minuten   Backzeit: 50–60 Minuten   Kühlzeit: 3 Stunden   Schwierigkeit: leicht
Utensilien: Handrührgerät • quadratische Backform (20 x 20 cm) • Backpapier

Die ZUTATEN

- Spekulatius .... 100 g
- Butter .... 125 g
- Eier 4
- Zucker .... 150 g
- Mehl .... 115 g
- Milch .... 500 ml
- Salz .... 1 Prise

Tipp

Zwei Äpfel schälen, entkernen und in kleine Würfel schneiden. Zuerst die Apfelstückchen in die Backform geben, dann den Teig darübergießen.

Das Rezept

Den Backofen auf 150 °C vorheizen. Den Spekulatius im Mixer fein zerbröseln. Die Butter bei schwacher Hitze zerlassen und beiseitestellen.

Die Eier trennen und die Eigelbe mit dem Zucker schaumig schlagen. Zunächst die flüssige Butter, dann nacheinander die Spekulatiusbrösel, das Mehl, die Milch und 1 EL Wasser unterrühren, bis ein glatter, dünnflüssiger Teig entstanden ist.

Die Eiweiße mit dem Salz steif schlagen. Den Eischnee in drei Portionen nur grob unter den Teig heben – nicht vollständig untermischen.

Den Boden der Backform mit Backpapier belegen und den Teig in die Form füllen. 50–60 Minuten backen.

Den Kuchen aus dem Ofen nehmen und auskühlen lassen, dann für mindestens 3 Stunden in den Kühlschrank stellen. In Stücke schneiden, nach Belieben mit Spekulatiusbröseln bestreuen und servieren.

Magic Cakes für Feinschmecker

Magic Cake mit gebrannten Mandeln

Für 6–8 Personen • Zubereitungszeit: 15 Minuten • Backzeit: 50–60 Minuten • Kühlzeit: 3 Stunden • Schwierigkeit: leicht
Utensilien: Teigrolle • Handrührgerät • quadratische Backform (20 x 20 cm) • Backpapier

Die ZUTATEN

gebrannte Mandeln	120 g
Butter	125 g
Eier	4
Zucker	150 g
Mehl	115 g
Milch	500 ml
Salz	1 Prise

Tipp

Heben Sie noch ein paar Himbeeren oder Brombeeren unter den fertigen Teig.

Das Rezept

Den Backofen auf 150 °C vorheizen. Die gebrannten Mandeln in einen Gefrierbeutel füllen, den Beutel verschließen und mit der Teigrolle darüberfahren, um die Mandeln zu zerkleinern. Die Butter bei schwacher Hitze zerlassen und beiseitestellen.

Die Eier trennen und die Eigelbe mit dem Zucker schaumig schlagen. Zunächst die flüssige Butter, dann nacheinander das Mehl, die Milch und 1 EL Wasser unterrühren.

Die Eiweiße mit dem Salz steif schlagen. Den Eischnee in drei Portionen nur grob unter den Teig heben – nicht vollständig untermischen.

Den Boden der Backform mit Backpapier belegen, die Hälfte der gebrannten Mandeln darauf verteilen und den Teig auf die Mandeln gießen. Den Teig mit den restlichen Mandeln bestreuen. 50–60 Minuten backen.

Den Kuchen aus dem Ofen nehmen und auskühlen lassen, dann für mindestens 3 Stunden in den Kühlschrank stellen. In Stücke schneiden und servieren.

Magic Cake mit Milchkonfitüre und Bananen

Für 6–8 Personen   Zubereitungszeit: 15 Minuten (für den Kuchen) + 2 ¼ Stunden für die Milchkonfitüre
Backzeit: 50–60 Minuten   Kühlzeit: 3 Stunden   Schwierigkeit: leicht
Utensilien: Handrührgerät • quadratische Backform (20 x 20 cm) • Backpapier

Das Rezept

Für die Milchkonfitüre die Vanilleschote längs aufschneiden und das Mark herauskratzen. Die Milch mit dem Zucker, dem Vanillemark und dem Natron aufkochen und unter ständigem Rühren 10 Minuten sprudelnd kochen lassen. Anschließend die Milchmischung 2 Stunden bei ganz schwacher Hitze köcheln lassen, zwischendurch immer wieder umrühren. Die Milchkonfitüre ist fertig, wenn sie goldgelb und dicklich ist.

Für den Teig den Backofen auf 150 °C vorheizen. Die Bananen schälen und in Scheiben schneiden. Die Butter bei schwacher Hitze zerlassen und beiseitestellen.

Die Eier trennen und die Eigelbe mit dem Zucker schaumig schlagen. Zunächst die flüssige Butter, dann nacheinander die Milchkonfitüre, das Mehl, die Milch und 1 EL Wasser unterrühren.

Die Eiweiße mit dem Salz steif schlagen. Den Eischnee in drei Portionen nur grob unter den Teig heben – nicht vollständig untermischen.

Den Boden der Backform mit Backpapier belegen, die Bananenscheiben darauflegen und den Teig über die Bananen gießen. 50–60 Minuten backen.

Die Zutaten

Für die Milchkonfitüre

Vanilleschote	1
Vollmilch	1 l
Zucker	350 g
Backnatron	½ TL

Für den Teig

Bananen	2
Butter	125 g
Eier	4
Zucker	80 g
Milchkonfitüre (siehe oben)	4 EL
Mehl	115 g
Milch	500 ml
Salz	1 Prise

Den Kuchen aus dem Ofen nehmen und auskühlen lassen, dann für mindestens 3 Stunden in den Kühlschrank stellen. In Stücke schneiden und servieren.

Magic Cakes für Feinschmecker

Magic Cake mit Pistazien und weißer Schokolade

Für 6–8 Personen   Zubereitungszeit: 15 Minuten   Backzeit: 50–60 Minuten   Kühlzeit: 3 Stunden   Schwierigkeit: leicht
Utensilien: Handrührgerät • quadratische Backform (20 x 20 cm) • Backpapier

Die ZUTATEN

ungesalzene Pistazienkerne	100 g
Butter	125 g
weiße Schokolade	150 g
Eier	4
Zucker	80 g
Mehl	115 g
Milch	500 ml
Salz	1 Prise

Tipp

Rühren Sie zusätzlich gehackte Haselnusskerne unter den Teig.

Das Rezept

Den Backofen auf 150 °C vorheizen. Die Pistazienkerne auf einem Backblech 10 Minuten im Ofen rösten. Die Butter mit der weißen Schokolade bei schwacher Hitze zerlassen und beiseitestellen.

Die Eier trennen und die Eigelbe mit dem Zucker schaumig schlagen. Zunächst die flüssige Schokoladen-Butter, dann nacheinander das Mehl, die Milch und 1 EL Wasser unterrühren.

Die Eiweiße mit dem Salz steif schlagen. Den Eischnee in drei Portionen nur grob unter den Teig heben – nicht vollständig untermischen.

Den Boden der Backform mit Backpapier belegen und die Hälfte der Pistazienkerne daraufstreuen. Den Teig über die Pistazien gießen und mit den restlichen Pistazienkernen bestreuen. 50–60 Minuten backen.

Den Kuchen aus dem Ofen nehmen und auskühlen lassen, dann für mindestens 3 Stunden in den Kühlschrank stellen. In Stücke schneiden und servieren.

ALLGEMEINE HINWEISE

Trockene bzw. feste Zutaten ohne Waage abmessen

Zutat	1 TL	1 EL	1 Trinkglas (200 ml)
Butter	7 g	20 g	
Crème fraîche	15 g	40 g	200 g
Grieß	5 g	15 g	150 g
Kakaopulver	5 g	10 g	90 g
Käse, gerieben	4 g	12 g	65 g

Flüssigkeiten

1 Teelöffel = 5–7 ml

1 Esslöffel = 15–20 ml

1 Likörglas = 30 ml

1 Kaffeetasse = 80 bis 100 ml

1 Trinkglas = 200 ml

1 Trinkbecher = 300 ml

1 Kompottschälchen = 350 ml

Eier

Beim Backen kann sich die Eiergröße entscheidend auf das Backergebnis auswirken. In den Rezepten werden Eier der Gewichtsklasse M (53 bis unter 63 g) verwendet.

Backformen

Die Magic Cakes werden üblicherweise in 20 x 20 cm großen Formen mit einem Volumen von ca. 1,75 l gebacken. Dies können Back-, Brat- oder Auflaufformen sein. Wichtig ist, dass die Formen dicht sind, da der Teig recht flüssig ist – Springformen sind deshalb nur bedingt geeignet. Anstelle der quadratischen Form kann auch eine runde oder rechteckige Form gewählt werden oder eine größere quadratische Form. Achten Sie dabei vor allem auf das Volumen der Form, das Sie durch sogenanntes Auslitern ermitteln können. Dafür die Form mit Wasser füllen und dieses abmessen. Beachten Sie: Die Backzeit variiert je nach Höhe des Kuchens: Je flacher sie ist, desto kürzer die Backzeit. Bei hohen Formen (z. B. kleine Kastenformen) kann die Backzeit mehr als 60 Minuten betragen.

Buchtipps

Noch mehr tolle Backideen finden Sie in diesen Büchern oder unter www.topp-kreativ.de.

Deco Roll Cakes
ISBN 978-3-7724-8007-2
TOPP 8007

Cake Pops
ISBN 978-3-7724-8011-9
TOPP 8011

Keksgeschenke
ISBN 978-3-7724-8005-8
TOPP 8005

Kreative Kuchen für Kinder
ISBN 978-3-7724-8006-5
TOPP 8006

Kuchentratsch
ISBN 978-3-7724-8004-1
TOPP 8004

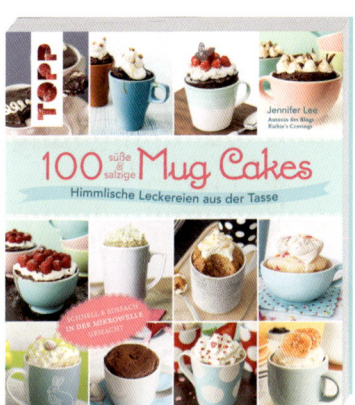

100 süße und salzige Mug Cakes
ISBN 978-3-7724-8002-7
TOPP 8002

300 Tipps, Tricks und Techniken – Tortendekoration
ISBN 978-3-7724-8009-6
TOPP 8009

Sugar Stories
ISBN 978-3-7724-8013-3
TOPP 8013

Vielen Dank an meine Familie und Freunde, die mich bei diesem Kuchen-Abenteuer unterstützt haben.
Und ein großes Dankeschön an Anne, meine Verlegerin, für ihr Vertrauen in mich.
Aurélie Desgages

Jesiel Maxán dankt:
Aline Princet für die fantastischen Fotos und ihre unaufhörliche Begeisterung.
Ihrer Assistentin Chloé Josso für ihre professionelle Unterstützung in der Küche.
SIBO für Leihgaben: www.sibohomeconcept.fr
Duralex für Leihgaben: www.duralex.com
Der Stylistin Laurence Kersz für ihre Suche nach passenden Requisiten.

IMPRESSUM

Für die deutsche Ausgabe:
Übersetzung: Dr. Katrin Korch, www.literatur-und-mehr.de
Satz: Arnold & Domnick, Leipzig
Lektorat: Cornelia Klaeger
Produktmanagement: Christine Rauch
Printed in Spain

Die französische Originalausgabe erschien 2014 unter dem Titel *Gâteaux Magiques* bei Hachette Livre (Hachette Pratique), Paris.

Materialangaben und Arbeitshinweise in diesem Buch wurden von der Autorin und den Mitarbeitern des Verlags sorgfältig geprüft. Eine Garantie wird jedoch nicht übernommen. Autorin und Verlag können für eventuell auftretende Fehler oder Schäden nicht haftbar gemacht werden. Das Werk und die darin gezeigten Rezepte sind urheberrechtlich geschützt. Die Vervielfältigung und Verbreitung ist, außer für private, nicht kommerzielle Zwecke, untersagt und wird zivil- und strafrechtlich verfolgt. Dies gilt insbesondere für eine Verbreitung des Werkes durch Fotokopien, Film, Funk und Fernsehen, elektronische Medien und Internet sowie für eine gewerbliche Nutzung der gezeigten Rezepte.

1. Auflage 2016

© 2016 frechverlag GmbH, Turbinenstraße 7, 70499 Stuttgart

ISBN: 978-3-7724-8026-3 • Best.-Nr. 8026